ATTENTION ! IL VA Y AVOIR DE L'ACTION !
LA LECTURE DE CE LIVRE
RISQUE DE TE DÉCOIFFER SÉRIEUSEMENT !
DONC, AVANT DE TOURNER LA PAGE,
MUNIS-TOI TOUT DE SUITE DE :

MISTER BÔPEIGNE

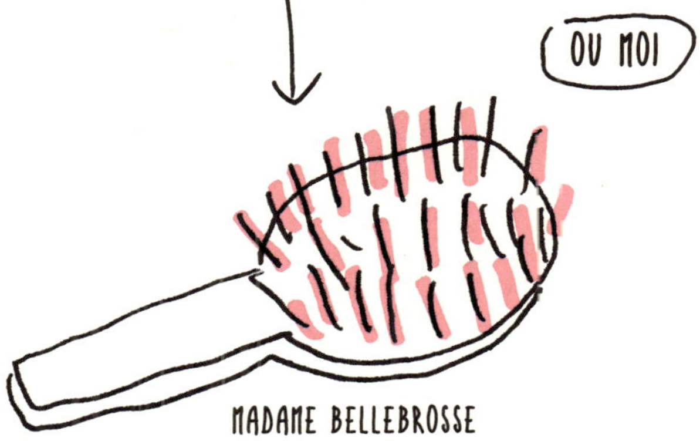

MADAME BELLEBROSSE

POUR TE RECOIFFER À LA FIN

TEXTES ET ILLUSTRATIONS DE FRANÇOIZE BOUCHER

Nathan

BIENVENUE SOUS LE GRAND CHAPITEAU DE LA VIE MAGIQUE !

ENTRÉE GRATUITE

POUVOIR MAGIQUE N°1

RENDRE QUI TU VEUX AMOUREUX DE TOI

A

B
OK !
100 % RENVERSÉE
PAR LA FORCE
DE L'AMOUR
PONK !
BRUIT TRÈS PARTICULIER ÉMIS PAR LA CHUTE
D'UNE FEMME EXTRÊMEMENT AMOUREUSE SUR LE BÉTON

POUVOIR MAGIQUE N°2

ARRÊTER LE TEMPS

(POUR EN PROFITER UN MAX
LORSQUE TU VIS UN INSTANT MERVEILLEUX)

10 ANS
PLUS TARD
BON, LÀ, IL COMMENCE À ME SOOLER GRAVE, J'AI DES TRUCS À FAIRE DANS LA VRAIE VIE, MOI

POUVOIR MAGIQUE N°3

JETER TOUS LES TYRANS, LES DICTATEURS, LES TERRORISTES DU MONDE DANS UNE GRANDE POUBELLE

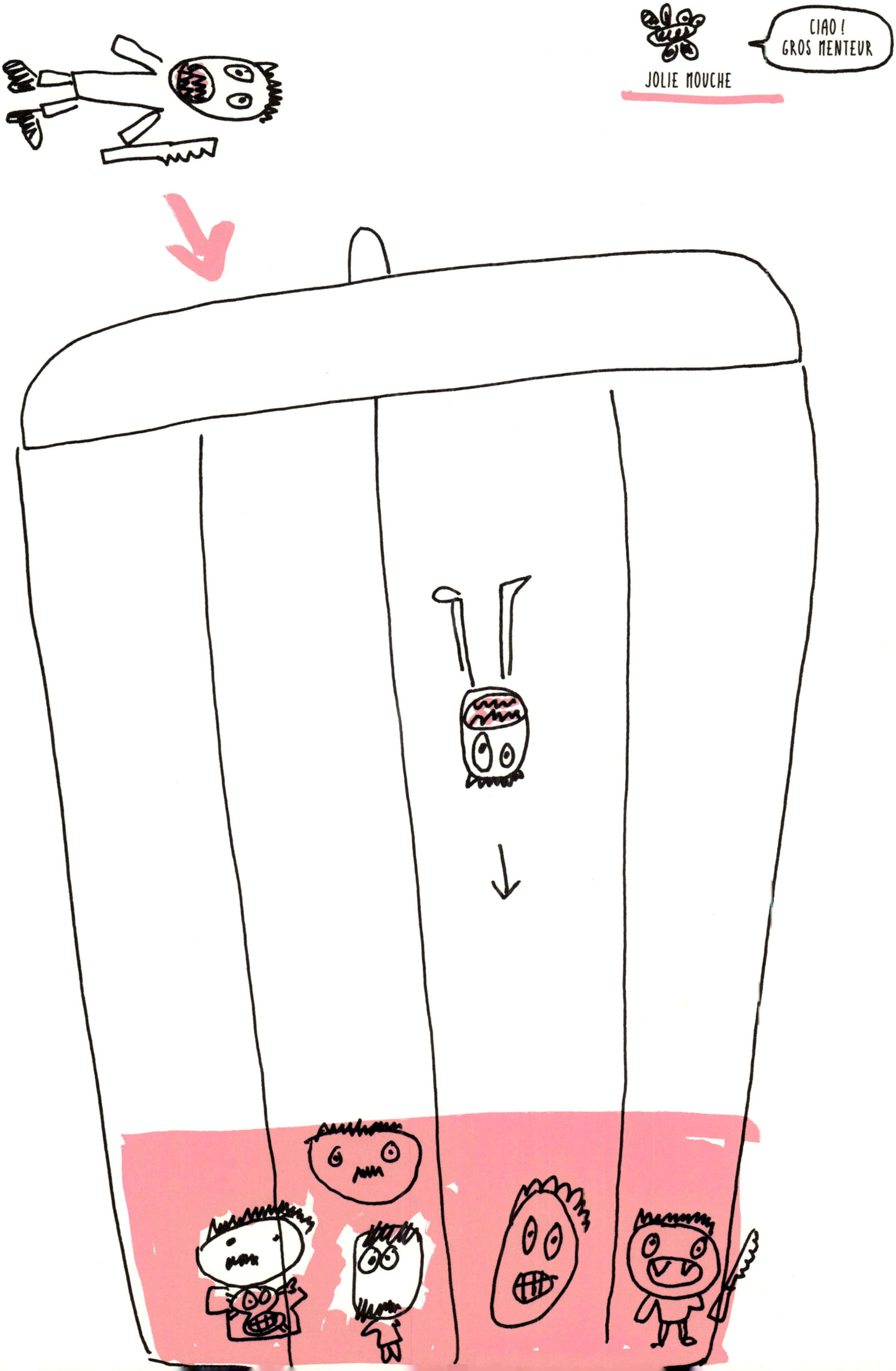
JOLIE MOUCHE
CIAO ! GROS MENTEUR

POUVOIR MAGIQUE N°4

FORCE INFINIE !

HÉ ! MAIS REPOSE ÇA TOUT DE SUITE !
ON N'A PAS ENCORE VRAIMENT DÉCIDÉ !
JE LA POSE OÙ ?
HULK !
HULK !

POUVOIR MAGIQUE N°5

DEVENIR EXTRA-LUCIDE

(PERCEVOIR CE QUI SE PASSE TRÈS LOIN DE CHEZ TOI)

GRRRRR
GRRRRR
YEH !
VAS-Y NOUNOURS !
MANGE-LE TOUT CRU !
IL Y A UNE JUSTICE DANS CE MONDE
MAMAN !
-60 °
GLA GLA GLA

CHANGER DE COIFFURE AUTANT QUE TU VEUX

(GRATUITEMENT ET EN UN INSTANT)

POUVOIR MAGIQUE N°6

TU FERMES LES YEUX,
TU IMAGINES LA COIFFURE
ET BOUM ! ELLE SE RÉALISE !

POUVOIR MAGIQUE N°7

TE TÉLÉPORTER AU BOUT DU MONDE

D'AILLEURS... →

SI TU AS DU MAL À T'ENDORMIR LE SOIR,

ET RÉALISER À QUEL POINT LA TERRE – TA MAISON –

WAHOU ! COMME TOUT MERVEILLEUX

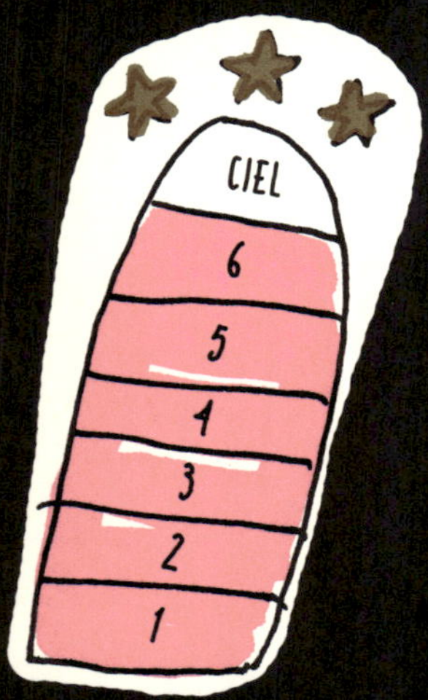

N'OUBLIEZ PAS DE REVENIR, JE VOUS AIME !

TERRE

TU PEUX ALLER T'ASSEOIR SUR LA LUNE

EST UNE CHOSE MINUSCULE QU'IL FAUT AIMER ET PROTÉGER

WAHOU !
EST BEAU,
ET FRAGILE !

POUVOIR MAGIQUE N°8

ÊTRE INVISIBLE

MAIS EN MÊME TEMPS POUVOIR OBSERVER LE MONDE ENTIER D'UN SEUL COUP D'OEIL

POUVOIR MAGIQUE N°9

ANÉANTIR TES ENNEMIS GRÂCE À TON HALEINE ATOMIQUE PARALYSANTE

TAILLE DU PLUS GROS NUAGE JAMAIS ADMIRÉ
DANS L'UNIVERS, POUR COMPARER

POUVOIR MAGIQUE N°10

TRANSFORMER LES SITUATIONS POURRIES

CLUB SPORTIF
BUFFET DE JUNK FOOD
MER DE CRISTAL
CLUB DE POTES
TON HORS-BORD PERSO
SIRÈNE FOLLE DE TOI
GROUPE DE BOMBES ATOMIQUES EN BIKINI
TOI
WELCOME TO PARADISE BEACH
SABLE DE VELOURS

POUVOIR MAGIQUE N°11

DEVENIR GÉANT

HEU PARDON, TU DISAIS, BARBU MINIATURE ?
GASP BLOP BLUP GLOP EUH...

POUVOIR MAGIQUE N°12

DEVENIR MICROSCOPIQUE

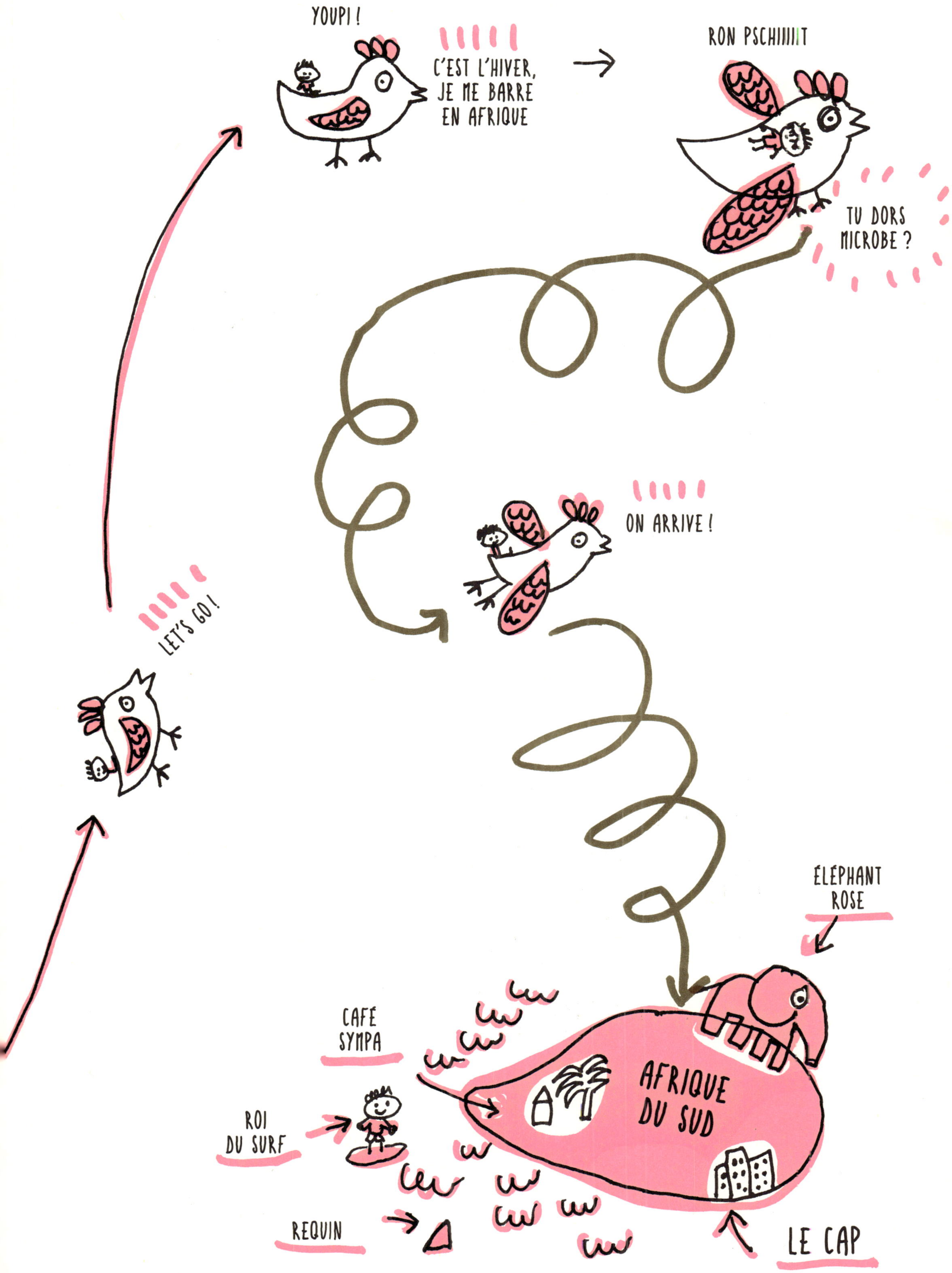
YOUPI !
C'EST L'HIVER, JE ME BARRE EN AFRIQUE
RON PSCHIIIIIT
TU DORS MICROBE ?
LET'S GO !
ON ARRIVE !
ÉLÉPHANT ROSE
CAFÉ SYMPA
AFRIQUE DU SUD
ROI DU SURF
REQUIN
LE CAP

POUVOIR MAGIQUE N°13

HURLER TRÈS FORT CE QUE TU PENSES, SANS QUE PERSONNE NE T'ENTENDE

	HURLEMENT SILENCIEUX	PAROLE NORMALE
LÉGENDE		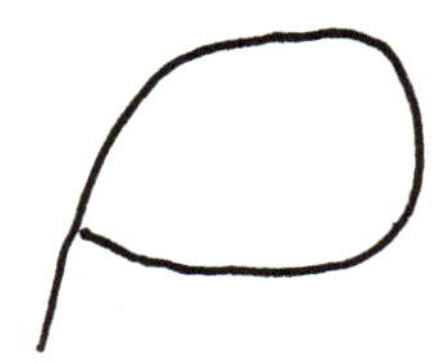

2
AFFREUX PARENTS TORTIONNAIRES, MA VENGEANCE SERA TERRIBLE !
SIIIIII !
TRACES DE FREINAGE
NOOON !!!!
3
TAIS-TOI !
NOOON !!!!
DRING !
4
MADAME PIKDUMENTON ET MONSIEUR PUDUBEK, VOUS ÊTES VIEUX, PAS DRÔLES ET VOTRE DÉCO EST POURRIE !
CHERS AMIS, VOICI NOTRE MERVEILLEUX ENFANT, MIRACLE DE LA NATURE
BONJOUR MADAME, BONJOUR MONSIEUR, JE SUIS ENCHANTÉE DE PASSER UNE SOIRÉE DÉLICIEUSE EN VOTRE COMPAGNIE
OHHHH QU'ELLE EST MIGNONNE ! ET POLIE !

POUVOIR MAGIQUE N°14

CHOISIR TON ÂGE À CHAQUE INSTANT

TIENS, TIENS,
AUJOURD'HUI,
J'AI ENVIE DE PASSER
LA JOURNÉE D'UN MEC
DE 32 ANS

LIFE IS GOOD !

SUPER WINNER

BOURRÉ DE CHARME

JE GAGNE MA VIE, JE PEUX INVITER DES GONZESSES AU RESTO

J'HABITE CHEZ MOI

JE PEUX LAISSER TRAÎNER MES CRAVATES PARTOUT

JE PARS EN VACANCES SANS MES PARENTS

JE BOIS DES TONNES DE BIÈRE

TOI, ADULTE

JE NE MANGE JAMAIS DE LÉGUMES

JE PEUX RENTRER À 8 HEURES DU MAT'

ET LE TOP DU TOP : JE N'AI PLUS D'APPAREIL DENTAIRE !!!

(SUITE)
MOI, JE CHOISIS DE VIVRE LA JOURNÉE D'UNE MÈRE DE FAMILLE DE 42 ANS (POUR ME VENGER HA! HA! HA!)
TOI, ADULTE
PREMIÈRES RIDES CHARMANTES
FEMME EXTRAORDINAIRE, ÉPANOUIE, LIBRE ET INDÉPENDANTE
POITRINE TAILLE DÉFINITIVE
BOTTINES DE DESIGNER ACHETÉES AVEC MON FABULEUX SALAIRE

MAGIC VENGEANCE !

LES NOMBREUX MERVEILLEUX ENFANTS ET LE CHIEN QUE J'AI FABRIQUÉS AVEC L'HOMME DE MES RÊVES (EUH NON PAS LE CHIEN PARDON)

POUVOIR MAGIQUE N°15

SOIGNER TOUTES LES MALADIES

POUVOIR MAGIQUE N°16

RESSUSCITER QUI TU VEUX

LE RETOUR

BON, Y'A PAS
UNE BOÎTE DE NUIT
DANS LE COIN ?
UN CAFÉ BOURRÉ
DE JEUNES FOUS ?
UN SKATE PARK ?

RÉAPPARITION DE
TON ARRIÈRE GRAND-PÈRE
DÉCÉDÉ IL Y A 3 ANS
D'UNE CRISE CARDIAQUE
AU SUPERMARCHÉ

TADAM !

TADAM !

HOP

GURP...

SON CHAT,
MORT DE JOIE
DE LE REVOIR

YOOOO !

TON ARRIÈRE
GRAND-MÈRE
ÉMUE

POUVOIR MAGIQUE N°17

CHOISIR LE MONTANT DE TON ARGENT DE POCHE

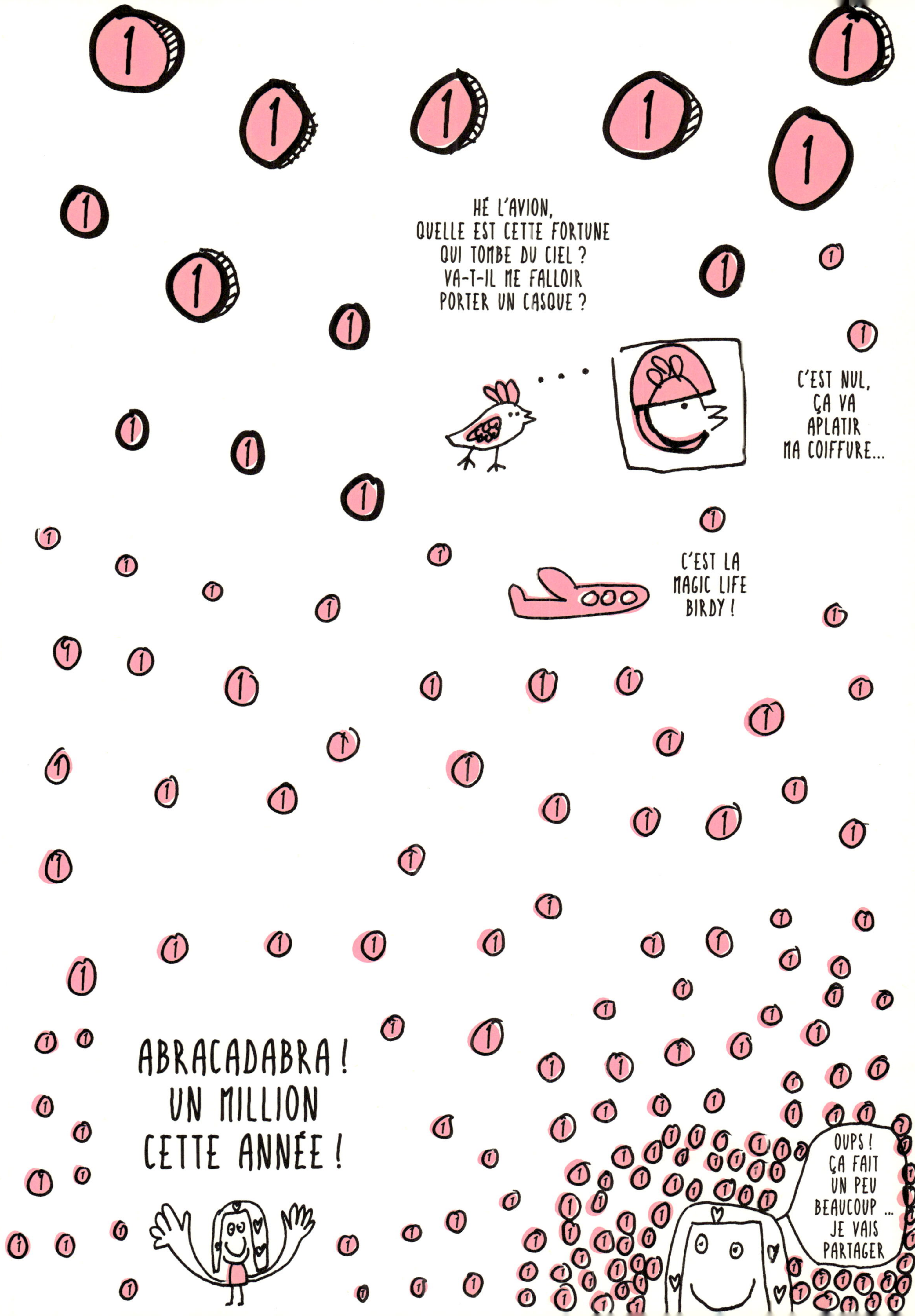
HÉ L'AVION,
QUELLE EST CETTE FORTUNE
QUI TOMBE DU CIEL ?
VA-T-IL ME FALLOIR
PORTER UN CASQUE ?
C'EST NUL,
ÇA VA
APLATIR
MA COIFFURE...
C'EST LA
MAGIC LIFE
BIRDY !
ABRACADABRA !
UN MILLION
CETTE ANNÉE !
OUPS !
ÇA FAIT
UN PEU
BEAUCOUP ...
JE VAIS
PARTAGER

POUVOIR MAGIQUE N°18

DÉCLENCHER TA BULLE DE PROTECTION TOTALE

(DANS LAQUELLE PERSONNE NE PEUT ENTRER POUR T'EMBÊTER)

TEST DE PERFORMANCE
CUI CUI
BING
COUAC COUAC
BON, LE CASQUE,
ÇA SE CONFIRME...

WARNING !
FURIEUX
BOLIDE
MÊME SI TU ES DANS TA BULLE MAGIQUE, IL EST OBLIGATOIRE
DE TRAVERSER SUR LES PASSAGES PIÉTONS, COMPRIS ?

POUVOIR MAGIQUE N°19

DANS LA VIE MAGIQUE, TOUT FONCTIONNE
GRÂCE À L'ÉNERGIE DE LA JOIE,
DU RIRE ET DE L'AMOUR

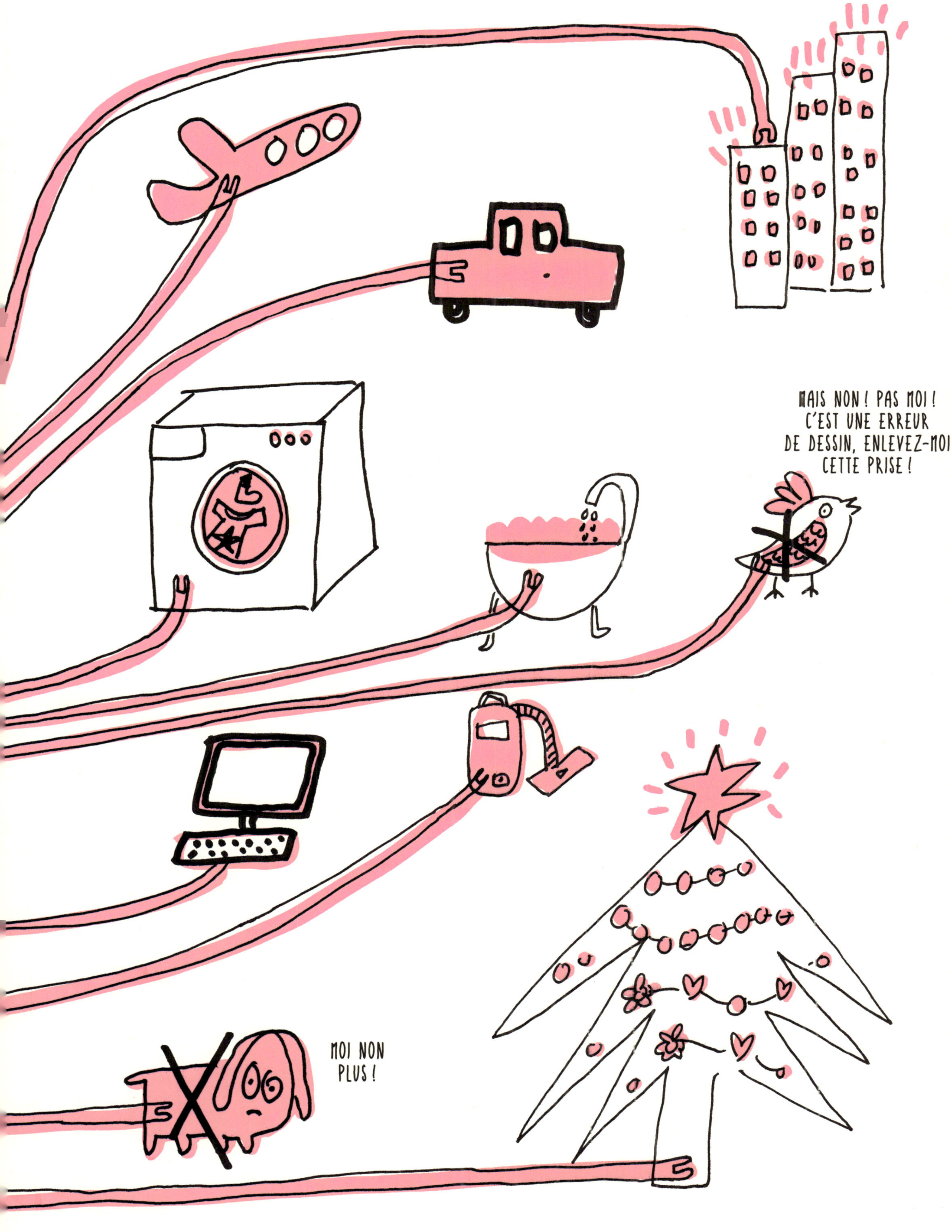

100% ÉCOLOGIQUE

POUVOIR MAGIQUE N°20

TRAVERSER LES MURS

TU AS VU L'AVION, IL SE PASSE DES CHOSES LOUCHES EN BAS !
MOUAIS BIRDY, C'EST PAS JOLI JOLI
TA CHAMBRE
CUISINE
6H59 DU MAT' LE RETOUR
7H DU MAT' PETIT DÉJEUNER
PAS UTILISÉ
C'ÉTAIT TOP !
TU AS UNE DRÔLE DE TÊTE CE MATIN MON CHOU

POUVOIR MAGIQUE N°21

DANS LA VIE MAGIQUE, RIEN N'EST JAMAIS TRISTE
ET QUAND TU PLEURES – DE RIRE OU DE JOIE –
ÇA FAIT POUSSER DES FLEURS

POUVOIR MAGIQUE N°22

COMMUNIQUER AVEC LA NATURE

→ C'EST MERVEILLEUX ! TU PEUX PARLER AVEC LE VENT, LES ANIMAUX, LES FLEURS ET LA NATURE TOUTE ENTIÈRE !

NOTE : BON, SI TU TE CONCENTRES BIEN, TU PEUX FAIRE ÇA DANS LA VRAIE VIE AUSSI...

!
AH BON ? VOUS TROUVEZ QUE LES HUMAINS NE RESPECTENT PAS ASSEZ LA NATURE ? JE VAIS VOIR CE QUE JE PEUX FAIRE !

POUVOIR MAGIQUE N°23

LIRE DANS LES PENSÉES

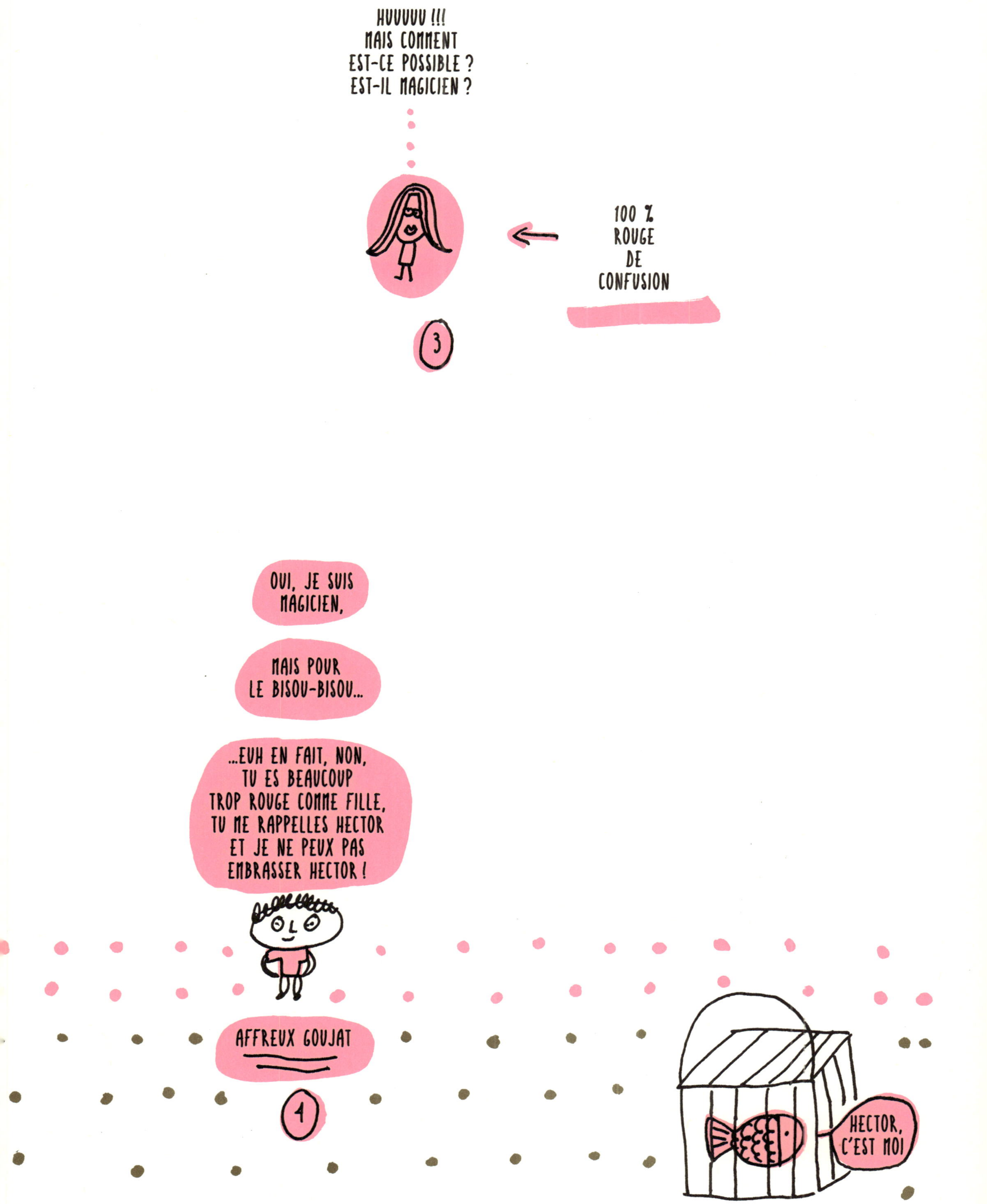
HUUUUU !!! MAIS COMMENT EST-CE POSSIBLE ? EST-IL MAGICIEN ?
100 % ROUGE DE CONFUSION
3
OUI, JE SUIS MAGICIEN,
MAIS POUR LE BISOU-BISOU...
...EUH EN FAIT, NON, TU ES BEAUCOUP TROP ROUGE COMME FILLE, TU ME RAPPELLES HECTOR ET JE NE PEUX PAS EMBRASSER HECTOR !
AFFREUX GOUJAT
4
HECTOR, C'EST MOI

POUVOIR MAGIQUE N°24

CHOISIR LE TEMPS QU'IL FAIT CHAQUE JOUR

VRAIE VIE

VIE MAGIQUE
TU PEUX COMMANDER DU SOLEIL CHAQUE MATIN
ET TE PROMENER PARTOUT EN MAILLOT DE BAIN
SHARK
SURF
VÉLO
BUS
SUPERMARCHÉ
CINÉ
ALLEZ VOUS RHABILLER TOUT DE SUITE MADEMOISELLE ! C'EST UNE ÉCOLE ICI, PAS MIAMI BEACH !
(VOIX DU DIRECTEUR)
ÉCOLE
OH PARDONNEZ-MOI CHERS LECTEURS ! JE ME SUIS TROMPÉE, J'AI DESSINÉ LA VRAIE VIE !

ET SI JAMAIS TU N'AIMES PAS LE SOLEIL, TU PEUX PROGRAMMER LA MÉTÉO QUI TE CHANTE
?
NON MAIS L'AVION, C'EST QUOI ENCORE CE TRUC ? ON NE PEUT PLUS VOLER TRANQUILLE !
LA MAGIC LIFE BIRDY !
BEN MOI, JE SUIS UNE REBELLE, DONC J'AI CHOISI DE LA NEIGE FLUO, ET LE PREMIER LECTEUR QUI RIGOLE VA RECEVOIR CETTE BOULE DE NEIGE ENTRE LES DEUX YEUX, HÉ OUI ! DANS LA VIE MAGIQUE TOUT EST POSSIBLE !
IGLOO FLUO SUPER MODE

POUVOIR MAGIQUE N°25

VOYAGER DANS LE TEMPS !

ÂGE DE PIERRE !

ET HOP →

WELCOME À L'ÂGE DE PIERRE !
VIVE LA MAGIC LIFE !
À MORT LA ROUTINE ! VIVE LE ROCK'N'ROLL !
ALORS CHÉRIE ? HAPPY ?
ÉDITEUR ÉNERVÉ
FRANÇOIZE, VOUS FAITES ERREUR, LES LUNETTES N'EXISTAIENT PAS À CETTE ÉPOQUE
LES CRAVATES ET LES APPAREILS PHOTO NON PLUS !

PROGRAMME DE LA SEMAINE

LUNDI : APPRENDRE À DORMIR DANS UNE GROTTE OBSCURE

MARDI : ATELIER FABRICATION DU FEU

MERCREDI :

CHASSE AU MAMMOUTH POUR LES HOMMES

CUISINE POUR LES FEMMES

JEUDI : ATELIER PEINTURE RUPESTRE

VENDREDI : ATELIER TAILLE DE PIERRE

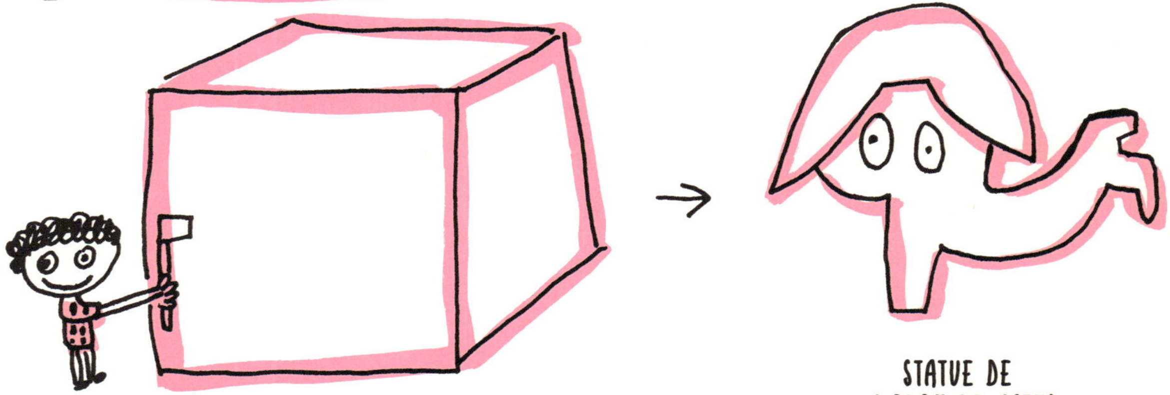

MONOLITHE DE 120 TONNES

STATUE DE
TA PROF DE MATHS

SAMEDI : JOURNÉE LIBRE

BON LES ENFANTS,
PRENEZ GARDE AUX ANIMAUX SAUVAGES,
NOUS ALLONS EXPLORER LA RÉGION
À LA RECHERCHE D'UN CAFÉ SYMPA,
D'UN CINÉ OU D'UNE RUE COMMERÇANTE

DIMANCHE : RETOUR AU 21ÈME SIÈCLE

RETOUR VERS LE PRÉSENT !

EXPO PHOTO

EXTÉRIEUR
GROTTE

MAMMOUTH SYMPA

PHOTO RATÉE

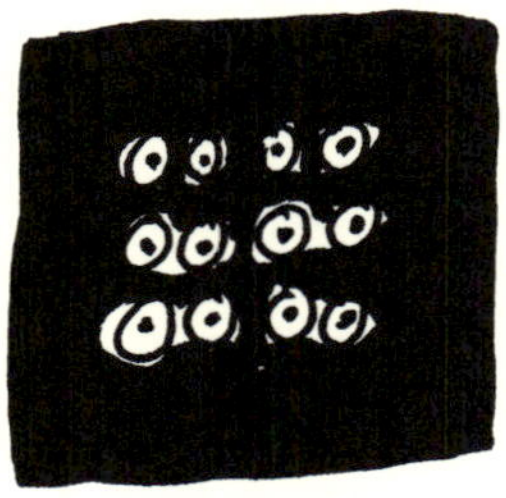

INTÉRIEUR
GROTTE

OS FLUO
TRÈS RARE

SELFIE
DE GROUPE

POUVOIR MAGIQUE N°26

DANS LA VIE MAGIQUE, TU AVANCES CHAQUE JOUR EN SOURIANT SUR LE FIL DE L'EXISTENCE, TU FAIS PLEIN D'ACROBATIES, PARFOIS TU PERDS L'ÉQUILIBRE, MAIS TU NE TOMBES JAMAIS

GLOUPS
ARRIVÉE
(TRÈS TRÈS LOIN PAR LÀ)
100 % VIDE
EXISTENTIEL

POUVOIR MAGIQUE N°27

CHANGER DE CHAÎNE QUAND UNE CONVERSATION NE TE PLAÎT PAS

TÉLÉCOMMANDE

POUVOIR MAGIQUE N°28

OU ENCORE MIEUX ! TE VOLATILISER !

Ô PRUNELLE DE NOS YEUX !
TU ES CONVOQUÉ DANS LA CUISINE
POUR LE COMPTE-RENDU
DE LA RÉUNION PARENTS / PROFESSEURS
ET ENVISAGER SÉRIEUSEMENT
TON AVENIR DANS LA JUNGLE
DE CE MONDE

POUVOIR MAGIQUE N°29

SENTIR HYPER-BON QUOI QU'IL ARRIVE

EXEMPLE

D'AILLEURS, DANS LA VIE MAGIQUE, TU ES CARRÉMENT AUTO-NETTOYANT

POUVOIR MAGIQUE N°30

DANS LA VRAIE VIE, TU PEUX AVOIR :

	NIVEAU DE CHANCE	ANIMAL DOMESTIQUE
A	SI TU AS VRAIMENT TROP DE BOL	 MIAOU ET =  MOUAF
B	SI TU AS BEAUCOUP DE CHANCE	 POISSON ROUGE VIVANT
C	SI TU AS UNE CHANCE LIMITÉE	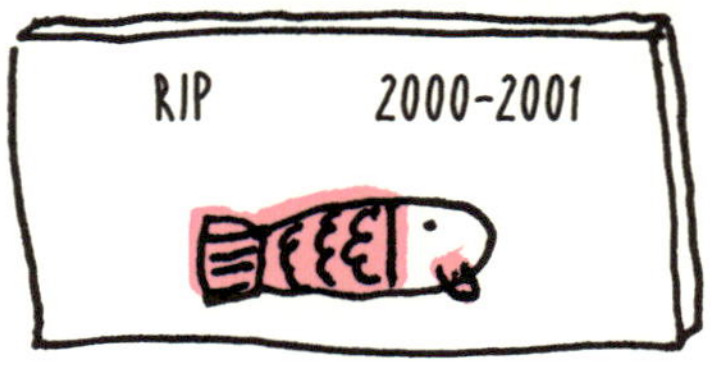 POISSON ROUGE EMPAILLÉ
D	SI TU N'AS PAS DE CHANCE	 POISSON PELUCHE EN PORTE-CLÉ
E	ET LE PIRE DU PIRE	RIEN

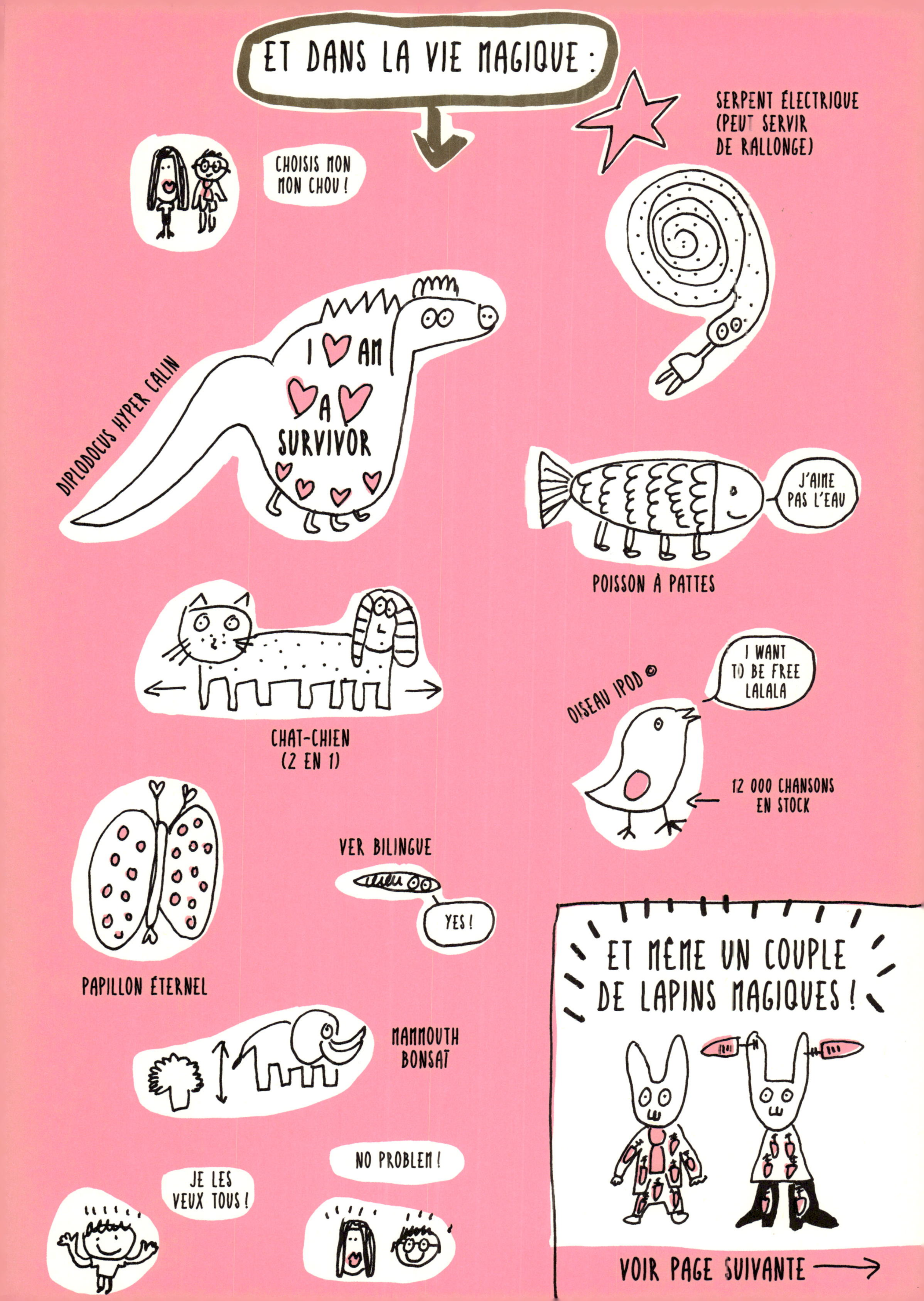
ET DANS LA VIE MAGIQUE :
CHOISIS MON MON CHOU !
SERPENT ÉLECTRIQUE (PEUT SERVIR DE RALLONGE)
DIPLODOCUS HYPER CALIN
I AM A SURVIVOR
J'AIME PAS L'EAU
POISSON À PATTES
CHAT-CHIEN (2 EN 1)
OISEAU IPOD ©
I WANT TO BE FREE LALALA
12 000 CHANSONS EN STOCK
VER BILINGUE
YES !
PAPILLON ÉTERNEL
MAMMOUTH BONSAÏ
JE LES VEUX TOUS !
NO PROBLEM !
ET MÊME UN COUPLE DE LAPINS MAGIQUES !
VOIR PAGE SUIVANTE

COMMENT SAVOIR SI DES LAPINS

TEST

A NORMAUX

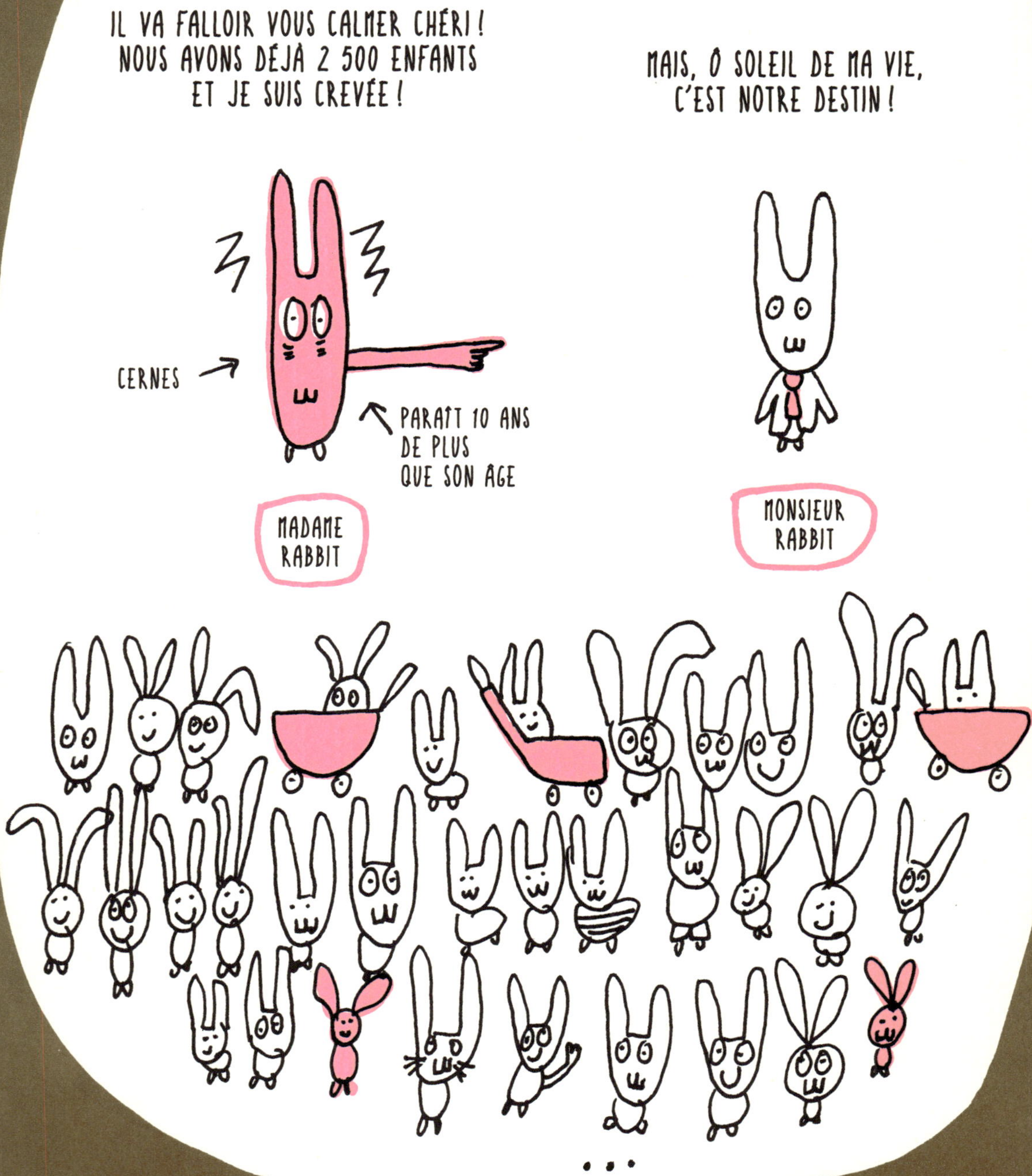

SONT NORMAUX OU MAGIQUES ?

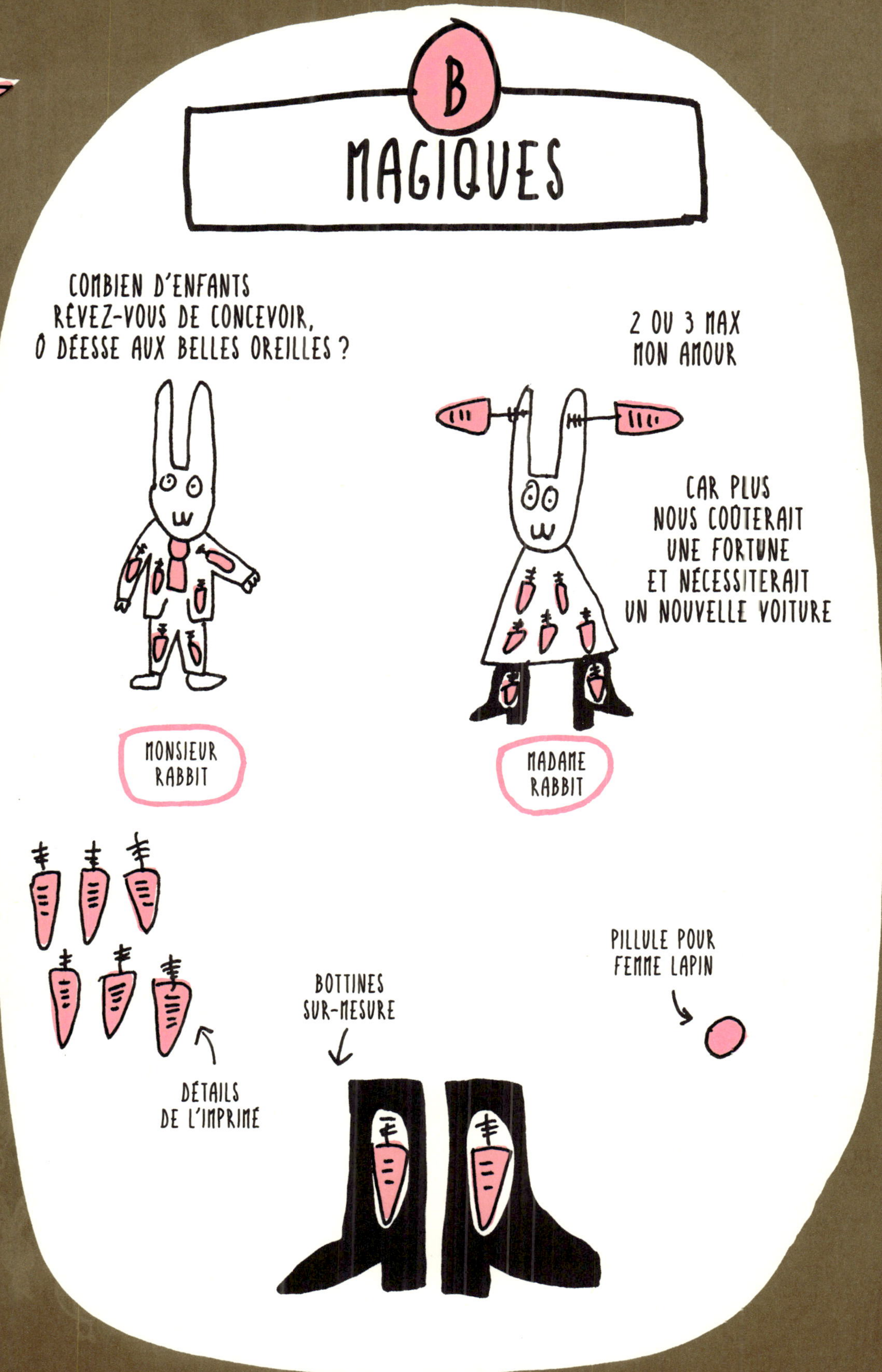

PLAFOND DE TA CHAMBRE

POUVOIR MAGIQUE N°31

QUAND J'AURAI LE DROIT
DE PARTIR VIVRE
EN COLOC AVEC MES COPINES
À NEW YORK

LÉVITER

REDESCENDS
TOUT DE SUITE !

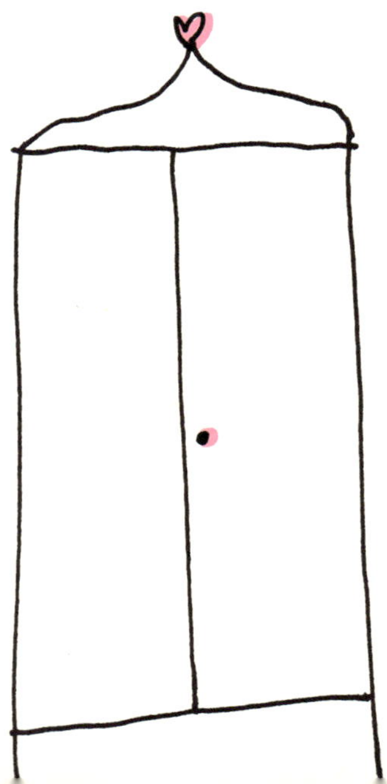

GRAND SAGE INDIEN
(DÉTENTEUR ACTUEL
DU RECORD DU MONDE
DE LÉVITATION)

PUB !
GRÂCE À CETTE POTION MAGIQUE, TU PEUX TE TRANSFORMER EN TOUT CE QUE TU VEUX !
CRAZY POTION
ET HOP ! JE ME MÉTAMORPHOSE EN UN SUBLIME CHEVAL DE COURSE
ET ZOUM ! MOI EN UNE MAGNIFIQUE LIBELLULE MULTICOLORE
ABRACADABRA

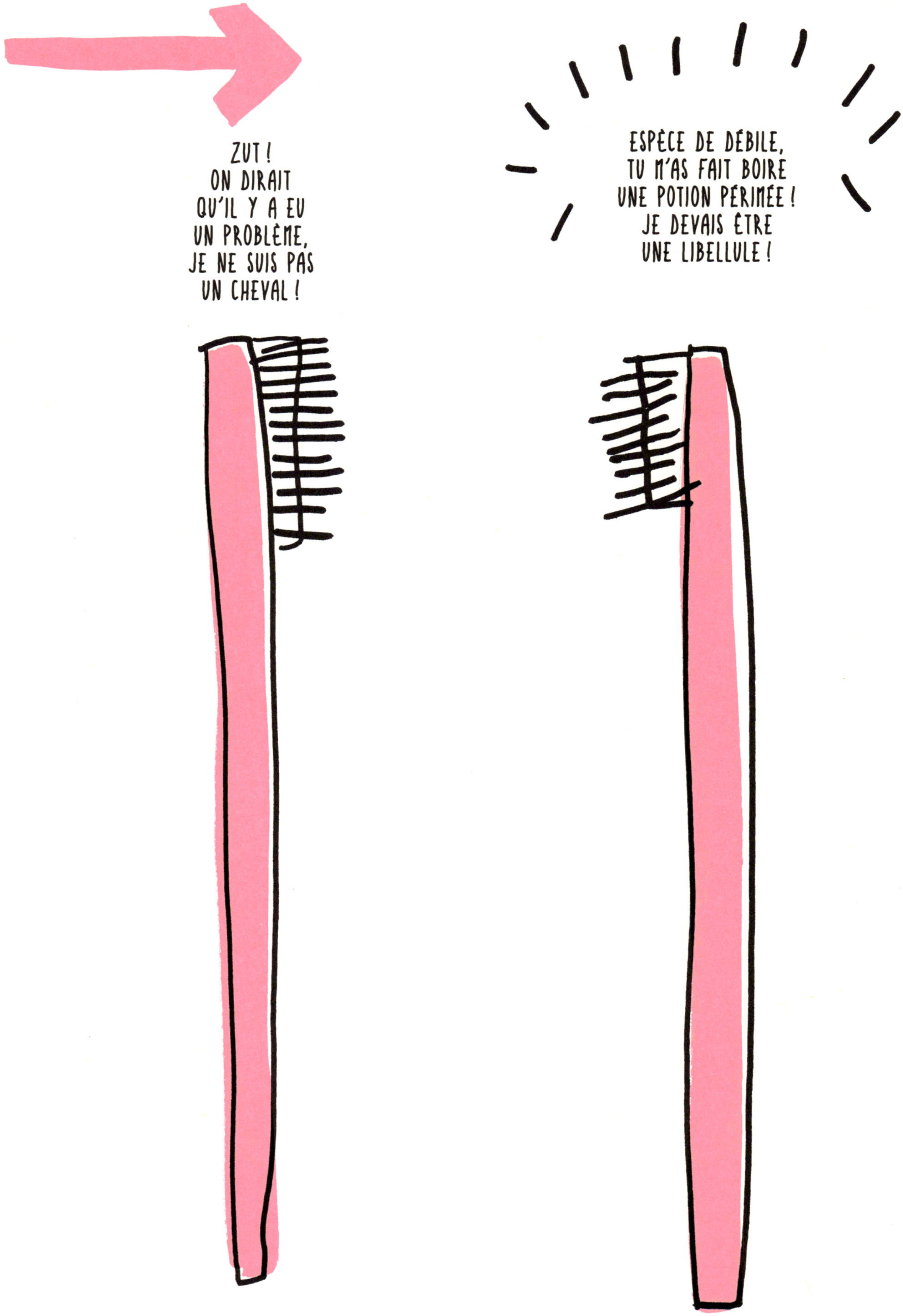
ZUT ! ON DIRAIT QU'IL Y A EU UN PROBLÈME, JE NE SUIS PAS UN CHEVAL !
ESPÈCE DE DÉBILE, TU M'AS FAIT BOIRE UNE POTION PÉRIMÉE ! JE DEVAIS ÊTRE UNE LIBELLULE !

NE JAMAIS VOMIR EN VOITURE !
HÔTEL
CE POUVOIR-LÀ EST GÉNIAL ! C'EST NOTRE PRÉFÉRÉ !
MAGIE À CHAQUE VIRAGE !
POUVOIR MAGIQUE N°32

FAIRE DISPARAÎTRE CE QUE TU VEUX

POUVOIR MAGIQUE N°33

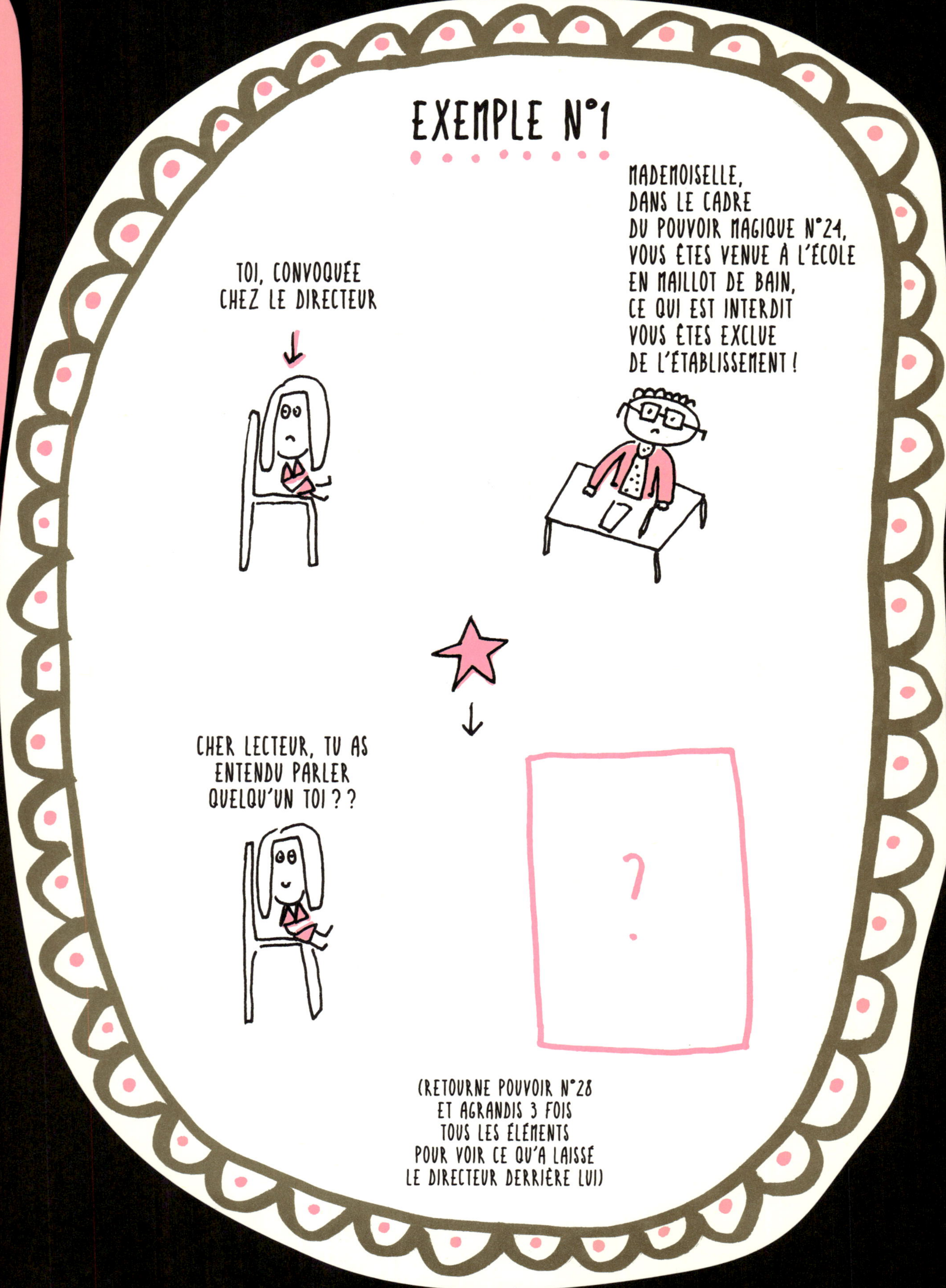

EXEMPLE N°2

OH ! NON ! ENCORE UNE CONTRAVENTION !
GARÉE SUR UNE PLACE RÉSERVÉE AU PRÉSIDENT DE LA RÉPUBLIQUE
VOITURE TOUTE POURRIE DE TA MAMAN
T'INQUIÈTE, MAM !
ET VOILÀ MAMAN !
MERCI MON CHÉRI ! TU ES MAGIQUE !
SAUT DE JOIE

FAIRE APPARAÎTRE CE QUE TU VEUX

POUVOIR MAGIQUE N°34

C'EST QUOI CETTE VOITURE DE TROLL, MON ENFANT ?
BEN QUOI ? TU AS DIT JOLIE ET NEUVE, PAS GRANDE !
TA MÈRE, DÉÇUE
ET CELLE-LÀ ? ELLE TE PLAÎT ?
YEH !

(MAIS ATTENTION, DANS LA VIE MAGIQUE, IL EXISTE DES RÈGLES)

VOICI CERTAINES CHOSES

DU TOUT LE DROIT DE

TON FRÈRE OU TA SOEUR
QUI T'ÉNERVE

LE SÈCHE-CHEVEUX
DE TA MÈRE
(OU SON MAQUILLAGE)

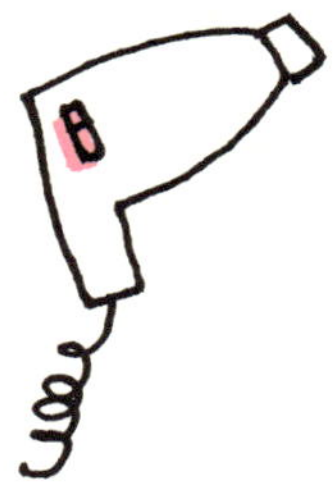

LES CLÉS DE LA VOITURE
DE TON PÈRE

LA POÉSIE, LA GRACE
ET LA PAIX DU MONDE

QUE TU N'AS PAS FAIRE DISPARAÎTRE

L'INSPIRATION DE L'AUTEURE
DE CE LIVRE
(SINON CE SERA LE DERNIER)

LE SOLEIL DANS LE CIEL
ET LES ÉTOILES DANS LA NUIT

LE DENTIER
DE TA GRAND-MÈRE

LE RIRE
SUR LA PLANÈTE

HO HO HO !

POUVOIR MAGIQUE N°35

TU PEUX CHOISIR DE VIVRE EN PAIX,

ZONE ZÉRO EMBROUILLE

FRONTIÈRE ENTRE LA VRAIE VIE ET LA VIE MAGIQUE

ZONE MULTI-EMBROUILLES

ARGHH !!!

TU M'ÉNERVES !

ÇA SUFFIT !

TU TE MOQUES DE QUI ?

RENDS-MOI ÇA !

SANS AUCUNE EMBROUILLE AVEC PERSONNE

POUVOIR MAGIQUE N°36

EFFACER TOUS TES MAUVAIS SOUVENIRS

RÉPARER TES BÊTISES

POUVOIR MAGIQUE N°37

POUVOIR MAGIQUE N°38

CONGELER QUI TU VEUX INSTANTANÉMENT

FONCTIONNE AUSSI
AVEC LES MÉTÉORITES
QUI POURRAIENT
TE TOMBER SUR LA TÊTE

ET TOUTES LES BÊTES SAUVAGES
QUI VOUDRAIENT T'ATTAQUER

MOUSTIQUE

LION

ALLIGATOR

POUVOIR MAGIQUE N°39

COMMUNIQUER AVEC LES MARTIENS

DIMANCHE, 16 H

OK MEC,
REÇU 5/5
ON ARRIVE !

LIMITE DE L'UNIVERS CONNU

ALLÔ LES MARTIENS ?
JE MEURS D'ENNUI !
POURRIEZ-VOUS FAIRE
UNE PETITE DESCENTE SUR TERRE
POUR METTRE UN PEU D'AMBIANCE ?

→ **MARDI, 19 H** (ET OUI, CE N'EST PAS LA PORTE À CÔTÉ)

POUVOIR MAGIQUE N°40

DÉFIGURER TES ENNEMIS
(À UTILISER UNIQUEMENT EN CAS D'EXTRÊME URGENCE)

ALDO, TON CONCURRENT PRINCIPAL POUR SÉDUIRE LA BOMBE ATOMIQUE DE L'ÉCOLE

AVANT

APRÈS

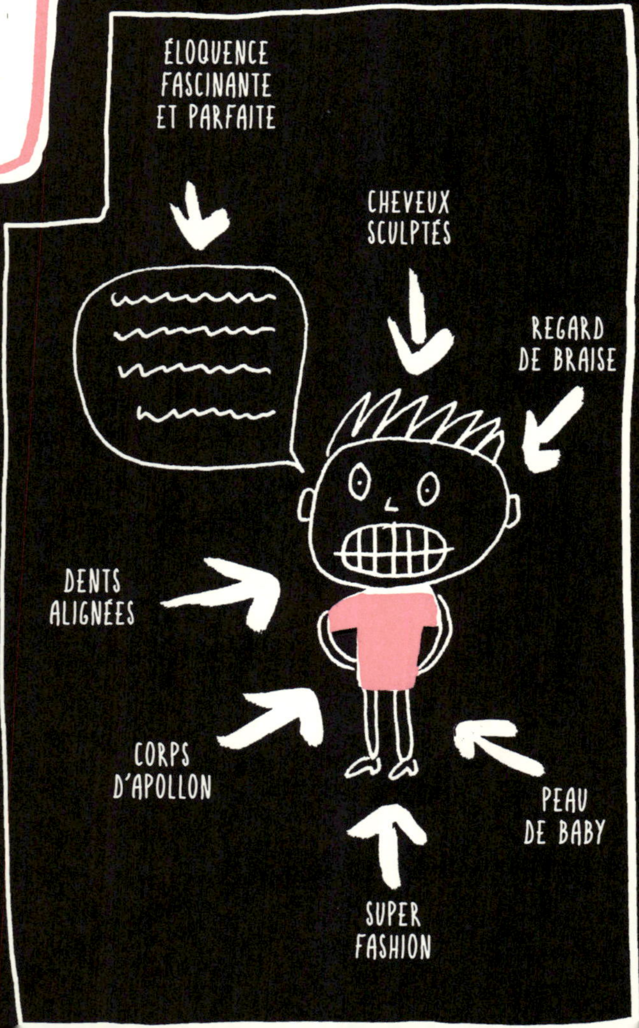

BON, C'EST DOMMAGE CHERS LECTEURS, CAR J'AI ENCORE TELLEMENT DE POUVOIRS MAGIQUES EN TÊTE ! MAIS MON ÉDITEUR M'A DIT : PAS PLUS DE 96 PAGES ! SINON LE LIVRE VA COÛTER TROP CHER ET VOUS N'EN VENDREZ QUE 12 EXEMPLAIRES … ALORS IL VA NOUS FALLOIR PENSER À QUITTER LA VIE MAGIQUE C'EST AFFREUX !
BOUHHH !!! JE SUIS DÉSESPÉRÉE !
OH NON !!!

BYE BYE !
CIAO !
LE GRAND CHAPITEAU

CONSEILLEZ CE SPECTACLE À VOS AMIS !
DE LA VIE MAGIQUE
SORTIE DES LECTEURS
SORTIE DES PERSONNAGES
QUEL SHOW !
C'ÉTAIT TOP !

ÉPILOGUE

MAIS CE SERAIT UNE ÉNORME ERREUR !

LA PREUVE

LES BUGS DE LA VIE MAGIQUE

RESTER PARALYSÉE
PAR L'AMOUR POUR TOUJOURS

TE FAIRE ÉCRABOUILLER PAR TA MAISON

VIVRE TA VIE ENTIÈRE
AVEC UNE COIFFURE RATÉE

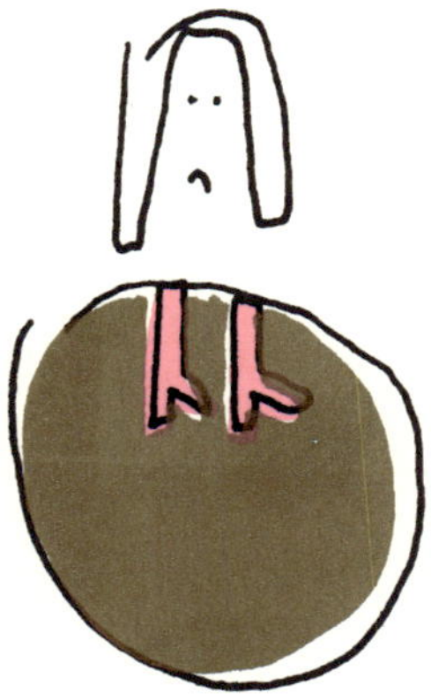

TE RETROUVER
COINCÉE SUR LA LUNE

ÊTRE VICTIME
DE TON HALEINE ATOMIQUE

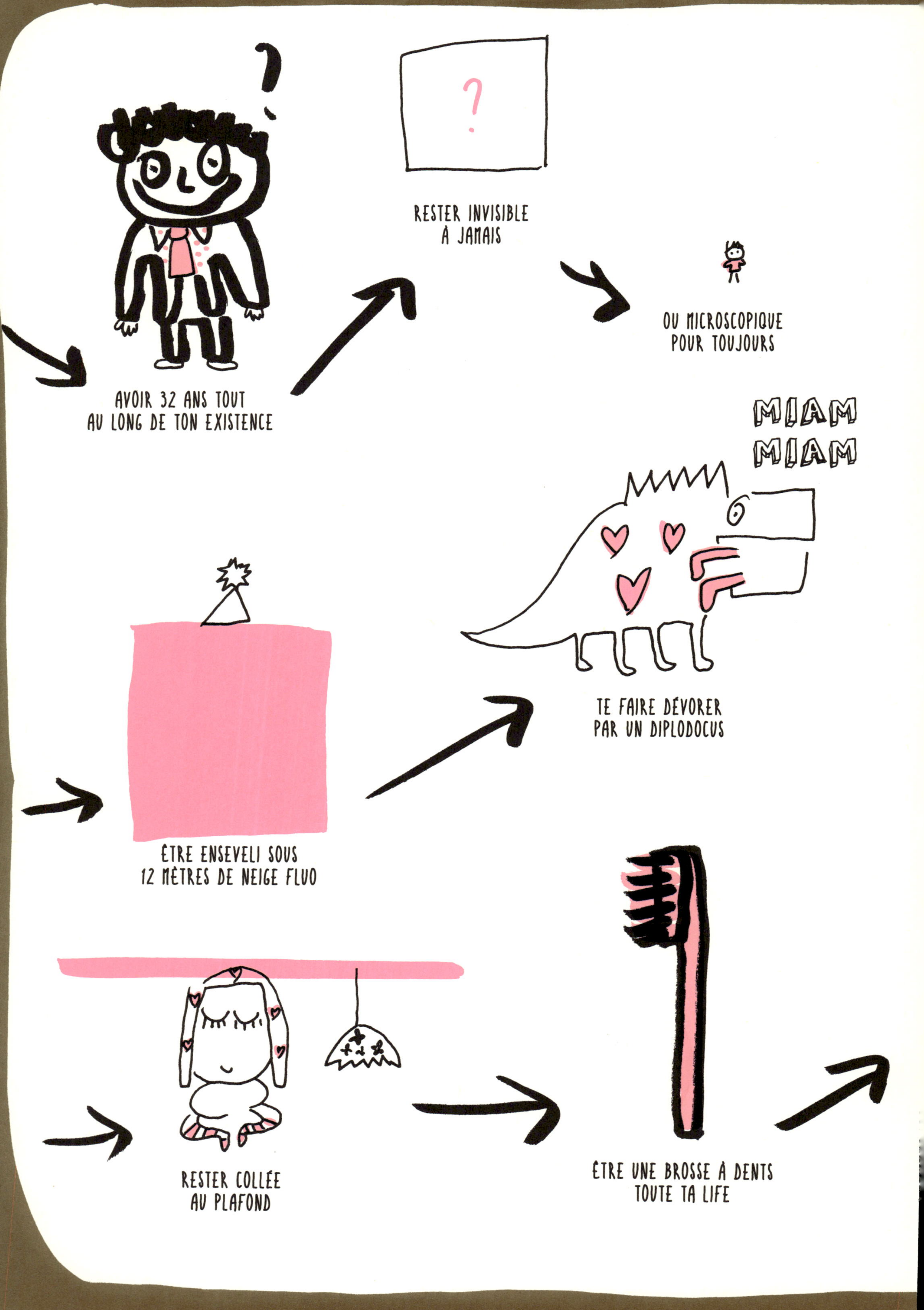
AVOIR 32 ANS TOUT
AU LONG DE TON EXISTENCE
RESTER INVISIBLE
À JAMAIS
OU MICROSCOPIQUE
POUR TOUJOURS
MIAM
MIAM
ÊTRE ENSEVELI SOUS
12 MÈTRES DE NEIGE FLUO
TE FAIRE DÉVORER
PAR UN DIPLODOCUS
RESTER COLLÉE
AU PLAFOND
ÊTRE UNE BROSSE À DENTS
TOUTE TA LIFE

TES PARENTS POURRAIENT
NE JAMAIS REVENIR DE L'ÂGE DE PIERRE
OU RESTER EN MODE OISEAU
CUI
CUI
CUI
CUI
CUI
CUI
CUI
OU ENCORE PIRE
AU SECOURS !
LE GLAÇON
NE FOND PAS !
ÇA FAIT 3 JOURS !
DÉCONGÈLE-LA TOUT DE SUITE !
J'AI ENVIE DE L'EMBRASSER
ET IL FAUT QU'ELLE PRÉPARE
LE DÎNER !
ET TOUTE LA FAMILLE POURRAIT ÊTRE KIDNAPPÉE PAR DES MARTIENS LOUCHES
HELP !

ALORS VIVE

→ CAR DANS LA VRAIE VIE, SI TU TE CONCENTRES BIEN,
TU PEUX OBSERVER DES MIRACLES, ET MÊME EN RÉALISER CHAQUE JOUR !

LA VRAIE VIE !

BON C'EST VRAIMENT FINI, TU PEUX TE RECOIFFER !

MISTER BÔPEIGNE

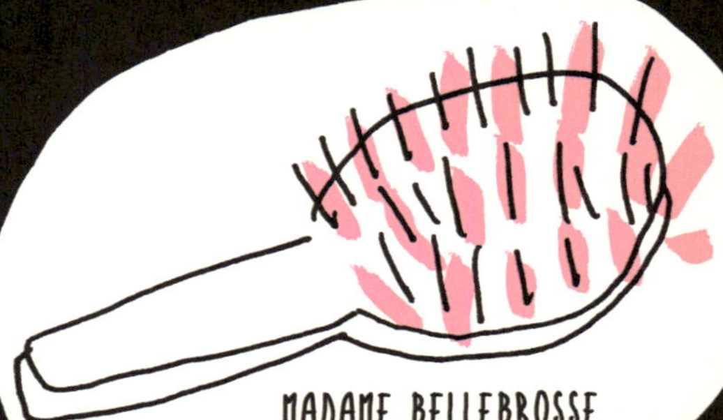

MADAME BELLEBROSSE

TRÉSOR

DE LA MÊME AUTEURE
CHEZ LE MÊME ÉDITEUR

- LE KESKECÉ
- LE LIVRE QUI FAIT AIMER LES LIVRES (MÊME À CEUX QUI N'AIMENT PAS LIRE)
- LE LIVRE QUI T'EXPLIQUE ENFIN TOUT SUR LES PARENTS (POURQUOI ILS TE FONT MANGER DES LÉGUMES ET TOUT LE RESTE)
- LE CAHIER D'EXOS RIGOLOS
- LE LIVRE QUI TE REND SUPER MÉGA HEUREUX (MÊME LES JOURS POURRIS)
- LE LIVRE QUI TE DIT ENFIN TOUT SUR LES FILLES ET LES GARÇONS (LA FIN DU GRAND MYSTÈRE)
- LE LIVRE QUI T'EXPLIQUE TOUT SUR LES COPAINS (ET MÊME POURQUOI ILS T'ÉNERVENT PARFOIS !)

Photogravure : Axiome

25 avenue Pierre de Coubertin 75013 Paris

ISBN : 978-2-09-255835-5
N° d'éditeur : 10209492
Dépôt légal : octobre 2015

Achevé d'imprimer en août 2015
par Grafos (Barcelone, Espagne)

Loi n° 49.956 du 16 juillet 1949
sur les publications destinées à la jeunesse,
modifiée par la loi n° 2011-525 du 17 mai 2011

FSC www.fsc.org MIXTE Papier issu de sources responsables FSC® C022030